Vente du Samedi 16 Avril 1870

COLLECTION RIVET

BELLES

FAÏENCES ITALIENNES

MAGNIFIQUES CHENETS DU XVIe SIÈCLE

ARMURES

TAPISSERIES et TABLEAUX

EXPOSITIONS :

PARTICULIÈRE	PUBLIQUE
Le Jeudi 14 Avril 1870.	*Le Vendredi 15 Avril 1870.*

DE DEUX HEURES A SIX HEURES

Mᵉ CHARLES PILLET,	M. CHARLES MANNHEIM
COMMISSAIRE-PRISEUR	EXPERT

CATALOGUE

DE BELLES

FAÏENCES ITALIENNES

DES FABRIQUES DE

GUBBIO, URBINO, FORLI, DERUTA, CASTEL-DURANTE, SAVONE ET HISPANO-ARABE

Porcelaines diverses;

Grands et beaux Plats de Pesaro, à reflets métalliques ;

MAGNIFIQUES CHENETS FLORENTINS EN BRONZE DU XVIe SIÈCLE;

Bronzes d'art et d'ameublement ;
Deux belles Armures complètes du XVIe siècle ; Tableaux
et belles Tapisseries anciennes

COMPOSANT LA COLLECTION DE M. RIVET

ET DONT LA VENTE AURA LIEU

HOTEL DROUOT, SALLE N° 3

Le Samedi 16 Avril 1870

A deux heures précises.

Par le ministère de Me **CHARLES PILLET**, Commissaire-Priseur,
10, rue Grange-Batelière,
Assisté de M. **CHARLES MANNHEIM**, expert, rue Saint-Georges, 7.
Chez lesquels se trouve le Catalogue.

EXPOSITIONS { *PARTICULIÈRE :* le Jeudi 14 Avril 1870,
PUBLIQUE : le Vendredi 15 Avril 1870,

DE DEUX HEURES A SIX HEURES.

CONDITIONS DE LA VENTE

Elle sera faite au comptant.

Les adjudicataires payeront *cinq pour cent* en sus des enchères.

L'exposition mettant le public à même de se rendre compte de l'état des objets, il ne sera admis aucune réclamation une fois l'adjudication prononcée.

Paris. — Imp. de PILLET fils aîné, rue des Grands-Augustins, 5.

DÉSIGNATION DES OBJETS

FAIENCES ITALIENNES

Fabrique de Gubbio

1 — Très-beau plat rond à large bord, à décor à reflets métalliques, rouge rubis, bleu nacré et mordoré. Au centre, les armes de la célèbre maison des PITTI. Au bord, des mascarons, des têtes de chérubins, des cornes d'abondance, des arabesques et des cartouches dont l'un porte la date du jour où ce plat a été fait. (A di 17 da Genaro).

Ce plat porte au revers le sigle de *Maëstro Giorgio* ainsi que la date de 1525.

Il est remarquable par la beauté de ses dessins, la vigueur de ses reflets et sa parfaite conservation.

Diam., 27 cent.

2 — Petite coupe ronde à décor à reflets métalliques. Elle offre au centre une figure d'amour enchaîné exécutée en relief et se détachant sur un fond bleu foncé. Le bord présente des palmettes et des arabesques également en relief, se détachant en émaux de couleurs sur fond blanc.

Diam., 22 cent.

3 — Petit plat rond à décor à reflets métalliques. Au centre l'emblème de la bonne foi surmonté d'une couronne de marquis et palmettes au bord.

Diam., 235 cent.

Fabrique d'Urbino

4 — Belle coupe ronde à décors à reflets métalliques rouge rubis et bleu nacré portant au revers l'indication du sujet ainsi que l'inscription suivante *Fra Xanto. A. da. Rovigo, Urbino.* 1532.

Le sujet qui la décore est celui d'Astolphe monté sur Pégase et combattant les harpies.

Cette belle pièce provient de la collection Soltykoff.

Diam., 25 cent.

5 — Charmant petit plat dit *cuppa-amatoria*, à décor à reflets métalliques portant au revers la date de 1531 ainsi que le sigle de *Fra Xanto :* F. X. A. R. URBINO.

Il représente dans un paysage deux personnages assis et dans le haut du sujet, un amour voltigeant armé de deux flèches.

Diam., 20 cent.

6 — Grand plat rond représentant le triomphe de Galathée, composition d'un grand nombre de figures.

L'exécution remarquable du décor de cette pièce nous la fait attribuer à *Oratio Fontana.*

Diam., 40 cent.

7 — Autre grand plat rond représentant une course de chars à l époque romaine. Le bord est décoré d'arabesques et de médaillons sur fond blanc.

Diam., 46 cent.

8 — Grand plat rond représentant le jugement de Paris attribué à Pattanazzi.

Diam., 48 cent.

9 — Autre plat rond décoré de fines arabesques sur fond blanc. L'Ombilic central offre la figure de Vénus et l'Amour.

Diam., 42 cent.

10 — Petit Plat rond décoré de grotesques et d'arabesques sur fond blanc et portant au centre deux écussons armoriés.

Diam., 22 cent.

11 — Petit plat rond décoré de figures fantastiques de rinceaux et d'animaux sur fond blanc et présentant au centre une figure d'amour sur fond jaune d'ocre.

Diam., 22 cent.

12 — Grand plat rond représentant le sujet de l'enlèvement d'Hélène. Le marli est décoré de figures d'amour et de l'écusson de la ville d'Urbino.

Diam., 40 cent.

13 — Petit plat rond décoré de figures, d'animaux et de grotesques sur fond blanc et représentant au centre une figure d'amour sur fond bleu.

Diam., 22 cent.

14 — Petit plat analogue à celui qui précède. Au centre Amour assis sur un Dauphin.

Diam., 22 cent.

15 — Autre petit plat analogue. Il offre au centre la figure de Pomone debout.

Diam., 22 cent.

16 — Grand plat ovale à reliefs avec compartiments décorés de grotesques et d'arabesques sur fond blanc. Le médaillon central est occupé par un sujet tiré de l'histoire romaine. Le plat porte au marli la signature de Alfonso *Patanazzi* et le nom *Urbino*.

Grand diam., 67 cent.

17 — Petite coupe ronde à côtes, décorée d'arabesques sur fonds bleu et jaune alternés. Au centre une figurine de St-Jean.

Diam., 22 cent.

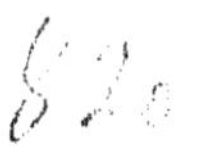

18 — Petite coupe ronde à godrons représentant Moïse frap-

pant le rocher ; composition d'un grand nombre de figures. Exécution et émail remarquables.

Diam., 27 cent.

19 — Très-jolie coupe d'accouchée à couvercle décorée de groupes de figures de femmes et d'enfants ainsi que de figures d'amours voltigeants.

Diam., 23 cent.

20 — Salière composée de trois Cariatides fantastiques ailées. La coupe est décorée d'une figure d'amour.

Haut., 16 cent.

21 — Coupe ronde décorée d'un sujet.

Diam.

Fabrique de Forli

22 — Belle coupe représentant le sujet de l'adoration des bergers.

Cette pièce est remarquable par la beauté du dessin et par le caractère particulier de son coloris.

Les pièces de la fabrique de Forli sont très-rares.

Diam., 26 cent.

23 — Coupe ronde à côtes à spirale décorée d'ornements en camaïeu bleu sur fond bleu foncé et présentant au centre la figure de Vulcain.

Diam., 25 cent.

Fabrique de Pesaro

24 — Beau plat rond à décor à reflets métalliques mordorés rehaussés de bleu. Il offre au centre une tête de guerrier casqué avec banderolle portant l'inscription suivante : *Cesàro Imperadore*. Le bord est décoré d'arabesques et d'imbrications.

Diam., 40 cent.

25 — Beau plat analogue à celui qui précède. Le bord est décoré d'imbrications. Reflets brillants.

Diam., 40 cent.

26 — Beau plat rond à décor à reflets métalliques nacrés et mordorés. Il offre au centre un buste de femme avec inscription sur banderolle. Le bord est décoré de palmettes et d'ornements.

Diam., 42 cent.

27 — Plat rond analogue à celui qui précède. Le bord est décoré de palmettes et d'imbrications.

Diam., 40 cent.

28 — Beau plat rond à décor à reflets métalliques bleu nacré et mordoré rehaussé de bleu. Au centre, le lion vénitien de St-Marc; au marli, palmettes et imbrications.

Diam., 40 cent.

29 — Plat analogue à celui qui précède ; au centre le lion de St-Marc, au bord, décor dit à queue de paon.

Diam., 40 cent.

30 — Plat rond à décor à reflets métalliques. Au centre, Hercule et le lion de Némée ; au bord, palmettes et imbrications.

Diam., 40 cent.

31 — Plat rond à décor à reflets métalliques mordorés et bleu. Au centre, deux gazelles couchées ; au bord, imbrications et palmettes.

Diam., 40 cent.

32 — Plat rond à décor à reflets métalliques mordorés rehaussé de bleu. Au centre, figure de saint Gérôme en prière ; au bord, imbrications.

Diam., 40 cent.

33 — Plat rond décoré en couleurs ; au centre, buste de femme et inscriptions sur banderolle ; au bord, rinceaux et imbrications.

Diam., 42 cent.

34 — Plat rond décoré en couleurs, analogue à celui qui précède.

Diam., 42 cent.

35 — Plat rond présentant au centre les armoiries d'un Pape allié aux Médicis et décoré au bord de feuilles et de rinceaux en camaïeu bleu sur blanc.

Diam., 23 cent.

36 — Plat rond décoré en couleurs. Il offre au centre une figure de cavalier en chasse et au bord des rinceaux et des imbrications.

Diam., 42 cent.

Fabrique de Deruta

37 — Beau plat à ombilic orné de chimères et de syrènes en relief, décor à reflets métalliques mordorés et bleu nacré. Au centre tête de guerrier casqué.

Pièce remarquable et rare.

Diam., 35 cent.

38 — Grand et beau vase à deux anses décoré d'ornements à reflets métalliques rehaussé de bleu. Il offre, dans deux médaillons ovales, un cœur traversé de flèches surmonté d'une couronne de marquis.

Haut. 32 cent.

39 — Vase analogue à celui qui précède mais plus petit. Il est décoré de palmettes et d'ornements variés.

Haut. 22 cent.

40 — Petite coupe sur piédouche à ornements mordorés sur fond bleu.

Diam., 25 cent.

41 — Grande coupe ronde à bord droit, à décor à reflets mé-

talliques mordorés, rehaussée de bleu; palmettes, imbrications et ornements.

Elle porte une inscription à l'intérieur.

Diam., 30 cent.

42 — Petit vase droit à deux anses décoré de palmettes et d'ornements à reflets métalliques, rehaussé de bleu.

Diam., 19 cent.

Fabrique Hispano-Arabe

43 — Beau bassin décoré de stries et de pois saillants à reflets métalliques mordorés et d'arêtes saillantes émaillées bleu. Au centre un écusson armorié.

Diam., 45 cent.

44 — Autre bassin à décor à reflets métalliques et godrons en spirale. Il offre au centre un écusson armorié.

Diam., 39 cent.

45 — Petit plat rond à décor à reflets métalliques et à arêtes saillantes. Il porte le chiffre du Christ sur l'ombilic.

Diam., 34 cent.

46 — Plat rond à palmes en relief, à décor à reflets métalliques mordorés, rehaussé de bleu.

Diam., 40 cent.

47 — Plat analogue à celui qui précède.

Diam., 40 cent.

48 — Autre plat analogue à ombilic saillant.

Diam., 47 cent.

49 — Petit plat rond analogue à ceux qui précèdent.

Diam., 39 cent.

50 — Joli petit vase de forme cylindrique à quatre anses, à décor à reflets métalliques mordorés et bandes émaillées violet.

Diam., 19 cent.

Fabrique de Castel-Durante

51 — Grand plat rond décoré au centre des figures d'Apollon, du dieu Paon et des Muses. Le bord arrondi présente des figures de génies et des trophées d'armes.

Diam., 40 cent.

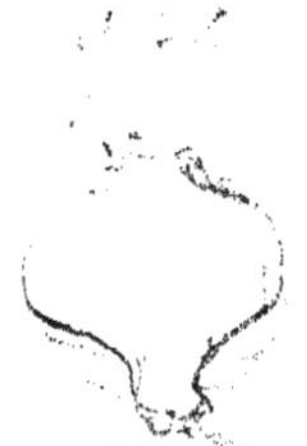

52 — Très-beau vase de forme élégante, entièrement couvert d'un riche décor d'ornements, de cariatides et de mascarons sur fonds variés, avec armoiries et portant des inscriptions italiennes qui se traduisent ainsi : Ce jourd'hui, 5 juin 1562, à Castel Durante, par maître Simon. Ce vase fort rare a été reproduit dans la *Monographie des faïences italiennes* de M. Henri Delange.

Haut., 34 cent.

53 — Vase analogue à celui qui précède et pouvant lui servir de pendant.

Haut., 34 cent.

54 — Deux petits vases, forme cornet, décorés de têtes casquées dans des couronnes de lauriers.

Haut., 20 cent.

Fabrique de Caffagiollo

55 — Beau vase sur piédouche, décoré d'ornements et de grotesques en camaïeu blanc sur fond bleu.

Haut., 28 cent.

56 — Plat rond à ombilic saillant, décoré de palmettes et de feuillages; au milieu, buste de femme.

Diam., 34 cent.

Fabrique de Savone

57 — Grand plat rond avec mascarons et coquilles en relief au bord, décoré en camaïeu bleu à figures et paysages.

Diam., 44 cent.

58 — Plat rond analogue à celui qui précède. Enfant et Dauphin.

Diam., 43 cent.

59 — Deux autres plats décorés en camaïeu bleu. Adam et Èves chassés du Paradis et sujet mythologique.

Diam., 44 cent.

60 — Petite coupe ronde découpée à jour et décorée en camaïeu bleu ; au centre, enfant sur cheval marin.

Diam., 29 cent.

61 — Deux grands vases, forme balustre à deux anses et à couvercle décorés d'ornements dans le style de Berain en camaïeu bleu.

Haut., 63 cent.

Fabrique de Castelli

62 — Plateau rond, sur piédouche, décoré d'un sujet tiré de l'histoire sainte.

Diam., 30 cent.

Faïence de Perse

63 — Joli broc décoré d'imbrications émaillées bleu et vert rehaussé de rouge en relief.

Haut., 24 cent.

Porcelaines

64 — Deux petits vases forme balustre en ancienne porcelaine de Buen Retiro, décorés de fleurs et d'ornements.

Haut., 22 cent.

65 — Groupe de deux figures en ancienne porcelaine blanche de Buen Retiro. Terrasse en bois sculpté et doré.

Haut., 25 cent.

66 — Petit vase de forme ovoïde en ancienne porcelaine de Chine, dite Coréenne, décoré de fleurs sur fond blanc.

Haut., 21 cent.

67 — Deux jolies potiches en ancienne porcelaine du Japon, décorées de fleurs et d'ornements en camaïeu bleu.

Haut., 33 cent.

68 — Plat rond en ancienne porcelaine de Chine, décoré en émaux de la famille rose à fleurs et oiseaux.

Diam. 40 cent.

69-71 — Trois plats en ancienne porcelaine de Chine, décorés en émaux de la famille verte. Ils seront vendus séparément.

72 — Groupe en ancienne porcelaine de Saxe. Vénus et Amour.

Bronzes

73 — Deux grands et très-beaux chenets florentins en bronze du XVIe siècle.

Ils se composent des figures d'Apollon et de Persée, debout sur des socles élégants, formés de cariatides de femmes ailées se terminant par des feuillages et des enroulements et séparés par des mascarons supportant l'écusson armorié et doré des marquis d'Adda.

Ces chenets sont remarquables par leur grand style ainsi que par le soin apporté à leur exécution.

Haut., 90 cent.

74 — Deux chenets du temps de Louis XV en bronze doré, composés chacun d'une figurine d'enfant assis sur un socle rocaille.

Haut., 35 cent.

75 — Deux bras de cheminée du temps de la régence en bronze doré à deux branches enroulées porte-lumières et appliques ornées de feuillages.

76 — Deux flambeaux modèle rocaille en bronze ciselé et doré. Ils sont d'une grande légèreté.

Haut., 26 cent.

77 — Grand vase à anse et à goulot en cuivre repoussé à ornements variés et portant un écusson aux armes de la famille Colonna.

Haut., cent.

78 — Jardinière ronde et profonde sur piédouche en cuivre rouge découpé à jour, décorée d'oiseaux et d'animaux en relief. XVIIe siècle.

Haut., 36 cent.

79 — Deux petits bustes d'hommes barbus, en bronze, fondus à cire perdue. Travail florentin du XVIe siècle.

80 — Plat rond vénitien en cuivre jaune, couvert d'ornements et d'arabesques gravés. XVIe siècle.

diam., 46 cent.

81 — Très-grand plat rond en cuivre repoussé et argenté, décoré de rinceaux et de fleurons saillants. Époque Louis XIII.

Diam., 71 cent.

82 — Deux tritons soufflant dans des conques. Bronzes florentins du XVIe siècle.

Haut., 21 cent.

83 — Jolie petite buire persane de forme élégante, en cuivre finement gravé et repercé à jour.

Haut., 21 cent.

84 — Deux jolis vases en argent repoussé, décorés de palmettes et feuillages rehaussés d'or; les anses sont formées de gracieuses volutes dans le même style.

Haut., 37 cent.

85 — Petit plat long en cuivre, repoussé et argenté à ornements fleurs et mascarons. Époque Louis XIV.

Larg., 44 cent.

86 — Plat rond en cuivre jaune gravé et à ombilic, repoussé à côtes. XVIe siècle.

Diam., 44 cent.

87 — Pendule du temps de Louis XVI en bronze doré au mat sur socle de marbre blanc, orné de bas-reliefs Vénus et amours.

Haut., 38 cent.

Armures

88 — Belle armure complète, dite Maximilienne, en fer forgé cannelé. Beau travail allemand du XVIe siècle.

89 — Autre belle armure unie, garnie de pièces de renfort, de forme très-élégante. Même travail et même époque.

90 — Chemise en mailles rivées.

Meubles et Tapisseries

91 — Petit meuble forme crédenc, fermant à deux portes en bois de noyer sculpté à mascarons et ornements et reposant sur une table à colonnes.

Larg., 77 cent. Haut., 1 m. 60 cent.

92-95 — Suite de quatre belles tapisseries à sujet tirés de l'histoire ancienne et à riches bordures de fleurs, de fruits, de rinceaux, d'animaux et d'oiseaux.

Haut., 4 mètr.

96 — Grande et belle tapisserie représentant une des batailles d'Alexandre, d'après Lebrun. La bordure très-riche se compose de fleurs, de fruits, et de rinceaux.

97 — Grande tenture en filet blanc et bleu à dessins élégants composés de figures, de candélabres et d'ornements variés. Travail italien du XVIe siècle. Belle conservation.

Haut., 4 mèt. Larg., 4 mèt. 25 cent.

Tableaux

98 — Ecole italienne. Beau portrait d'homme vu à mi-corps, vêtu d'une riche armure damasquinée d'or portant les croissants de la famille des Strozzi.

Cadre en bois sculpté et doré.

Haut., 96 cent. Larg., 72 cent.

99 — Ecole française du temps de Louis XIV. — Portrait d'homme portant la perruque à rallonges ainsi que le grand cordon de l'ordre du Saint-Esprit.

Cadre en bois sculpté et doré.

Haut., 80 cent. Larg., 58.

100 — Ecole vénitienne. — Beau portrait de Bianca Capello vue à mi-corps. Peinture sur bois de l'époque.

Cadre en bois sculpté et doré.

101 — Ebauche attribuée à Porbus. — Portrait en buste d'Isabelle de Bourbon, fille de Henri IV et première femme de Philippe IV d'Espagne.

Haut., 56 cent. Larg., 45 cent.

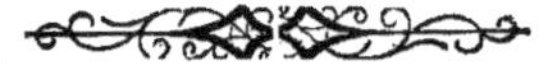

www.ingramcontent.com/pod-product-compliance
Lightning Source LLC
LaVergne TN
LVHW010313230826
846091LV00007B/3140
9782329542270